Posicionamento Para Vender Todos os Dias

Posicionamento Para Vender Todos os Dias

A ARTE DE PARTIR POR ÚLTIMO E CHEGAR EM PRIMEIRO.

Natanael Oliveira

DEDICATÓRIA

A Deus, em primeiro lugar, pois tem minha vida na palma de Suas mãos.

A minha esposa Iaponira, que ilumina meus dias com seu lindo sorriso e cuida de mim. Minha companheira, amiga e uma das principais incentivadoras deste projeto.

A meus pais, João Feitosa e dona Jucileide, por todo cuidado, amor, dedicação e pelo esforço que fizeram para que eu pudesse ter uma boa educação. Sei que não foi fácil, mas valeu a pena.

A meu pai, por seus ensinamentos preciosos, pelo exemplo e pelo incentivo.

A minha mãe, pelos conselhos, cuidados, e por sempre ter acreditado em mim.

A meus irmãos, João Rafael e Rafaele, por todo apoio, incentivo e aprendizado que dedicaram a mim, generosamente, o irmão caçula que sempre dava trabalho.

A meu avô, que já está no céu, Gumercindo Gomes, por me ensinar a sempre sorrir e fazer piadas, não importando a situação.

A minha avó, também moradora do céu, dona Geni Santos, que me ensinou a não desistir, jamais.

Aos amigos, colaboradores, alunos, clientes e parceiros que me apoiam e incentivam, e que acreditam em mim.

Muito obrigado a todos.

Sumário

Como Sair Do Anonimato Da Maneira Mais Rápida E Lucrativa Possível

Eu começo esse primeiro capítulo usando duas palavras na mesma frase que geralmente causam desconfiança em muitas pessoas.

Rápido e Lucrativo. Essas duas palavras, apesar de serem utilizadas exaustivamente juntas, na prática, nem sempre estão de mãos dadas.

Em muitos casos as palavras mais realistas para usarmos na mesma frase seria: **Devagar e com prejuízo.** É triste. Eu sei.

Infelizmente essa tem sido a realidade de muitos empreendedores e profissionais de marketing.

Mas eu vou te ajudar a virar esse jogo.

Afinal, como eu gosto de dizer: *Boletos não esperam.*

Apesar da necessidade de resultados rápidos, eu preciso dizer que a maioria das estratégias precisam de um certo tempo.

Seja na implementação, seja na geração de resultados expressivos.

O que eu vou te apresentar nas próximas linhas é uma exceção. Por isso eu posso usar **rápido e lucrativo** sem nenhum receio.

Sendo bem honesto, eu poderia até usar muito rápido e extremamente lucrativo.

Ou altamente lucrativo, como muita gente gosta de usar na headline.

Mas eu não vou fazer isso. Talvez eu já tenha feito.

Mais Importante Que Ser Conhecido É Se Tornar Reconhecido No Seu Mercado

Um dos maiores erros dos empreendedores e profissionais de marketing é confundir **fama com autoridade. E autoridade com reconhecimento.**

Preste muita atenção nesse "jogo de palavras", pois isso será um atalho muito útil para você. Isso já me ajudou a economizar muito dinheiro. Você vai entender.

Existe uma ilusão que se você ficar famoso no seu mercado de atuação, você será considerado uma autoridade. **Isso não é uma verdade absoluta.**

Talvez você conheça pessoas no seu mercado de atuação que são famosos, mas não necessariamente você reconhece essas pessoas como fontes de autoridade.

O problema é que muitas pessoas que genuinamente têm grande potencial para se tornarem autoridades no seu mercado de atuação, seguem estratégias utilizadas geralmente por quem quer fama.

Eu vou te dar um exemplo bem prático.

O que você acha que dá mais autoridade e credibilidade:

1. Escrever e publicar um livro com algo altamente relevante no seu mercado
2. Ter 1.000 vídeos publicados no Youtube

Eu preciso que você preste **muita atenção** no que eu estou explicando.

A ideia não é dizer que não vale a pena gravar vídeos para o Youtube ou criar uma presença online. O que está sendo discutido aqui é puramente uma ordem de **prioridade/necessidade.**

Uma pessoa que acha que a sua autoridade é construída apenas com base no volume do conteúdo publicado (por mais que exista essa possibilidade), está sempre escolhendo o caminho mais incerto, demorado e caro.

Você precisa dar passos precisos e com muita clareza de qual é a sua meta em termos de reconhecimento, autoridade e lucro.

O caminho para transformar o seu nome em uma autoridade não é algo que acontece da noite para o dia.

Mas a possibilidade de fazer com o que o seu nome se torne reconhecido, é bem diferente.

Vamos recapitular os pontos para ter certeza de que você está acompanhando o meu raciocínio.

Ser Famoso Não É Sinônimo De Ser Uma Autoridade

Logo, você não deve seguir estratégias para tentar ficar famoso, achando que isso vai te transformar em uma autoridade.

O correto é você se concentrar em ações que irão te transformar em uma autoridade.

Muito bem. Agora a pergunta é: *Que ações são essas que transformam o meu nome em uma autoridade?*

É aqui que entra a estratégia de gerar pequenos reconhecimentos.

Imagine a seguinte situação:

Você está na sala de aula. A professora está falando do mesmo assunto para todos os alunos.

Ela então pergunta: Alguém aqui pode me explicar o que significa o que eu acabei de ensinar a vocês?

Imagine que alguém levanta a mão. É um novato na turma. Ninguém o conhece.

E ele então começa: *Professora, o que a senhora quis dizer foi.* Imagine que ele faz uma explicação espetacular e a professora diz: UAU! Impressionante.

O que acaba de acontecer com esse aluno?
De desconhecido para alguém reconhecido.

É a mesma coisa que você precisa fazer no seu mercado de atuação. Você precisa aprender a fazer a leitura correta de quais os assuntos e temas mais populares estão sendo discutidos.

Mas não é só isso.

Você precisa encontrar assuntos que as pessoas conhecem, mas não entenderam perfeitamente. Algo que as pessoas sabem da importância, mas ainda não dominam.

O Segredo do Reconhecimento Que Gera Autoridade

Eu não quero parecer exagerado, muito menos ficar interrompendo o texto. Mas, por favor, leia essas próximas linhas prestando bastante atenção.

Se possível, faça anotações. **Essa é a maneira mais prática e poderosa que existe para começar a criar um posicionamento único no seu mercado.**

Continuando.

Quando você ainda não é conhecido no seu mercado de atuação, isto é, você é um completo desconhecido, o seu primeiro passo é encontrar as perguntas sem respostas precisas do seu mercado.

Procure por respostas genéricas, ou que perguntas que ainda estão abertas. Algo que outros estão explicando, mas o mercado não entendeu completamente.

A primeira vez que eu coloquei em prática o que eu estou te ensinando agora, foi em 2011.

Eu tinha acabado de pedir demissão da Oi. Eu era vendedor de planos telefônicos de porta em porta.

Depois de um pequeno período de sucesso usando a internet para vender, eu tive que tirar o meu site do ar.

Esse foi um dos momentos de maior medo
que eu consigo me lembrar até hoje.

Faltavam três meses para o meu casamento, eu estava pagando as prestações do buffet, parcelas de apartamento que eu tinha comprado, parcelas do financiamento do carro, e ainda pagava a faculdade.

Isso para falar somente alguns dos boletos
que eu tinha para pagar.

Depois que eu pedi demissão para começar o meu "negócio digital", quase que no minuto seguinte eu me arrependi amargamente.

Eu já estava ganhando dinheiro com marketing digital. Vendia alguns sites, fazia alguns jobs. Mas agora era oficial.

Aquela seria a minha única fonte de renda.
Todas as minhas fichas estavam ali.

Mas eu era um desconhecido, estava com boletos me encarando, dia e noite, e ainda dando os meus primeiros passos no marketing digital.

As primeiras leituras só me deixavam mais preocupado. Você precisa de audiência, lista de e-mails, e a lista continuava.

Eu só conseguia pensar: *Desse jeito não vai dar tempo pagar os meus boletos não.*

Foi quando eu coloquei as minhas mãos nesses conceitos que eu estou apresentando para você.

Ali, lendo sobre posicionamento de mercado eu pensei: *Isso vai acelerar os meus resultados.*

Falando QUASE a mesma coisa. Mas de uma maneira completamente diferente.

Estudando sobre posicionamento eu aprendi a primeira regra.

Você precisa de um discurso único.

Você precisa encontrar uma brecha, algo que ninguém viu.

Ou (preste atenção aqui), algo que ninguém está falando com propriedade e de maneira repetitiva. Essa parte é muito importante.

A maioria dos empreendedores não conseguem ter a disciplina de manter um discurso por muito tempo.

Isso cria muitas brechas de mercado.

Naquele momento eu precisava me posicionar no mercado de SEO, que era a minha habilidade principal em 2011. Eu comecei a prestar atenção e um belo dia, o meu celular toca, e eu recebo um presente.

Um empresário me liga e fala: *Natanael, você pode vir aqui na empresa para a gente conversar sobre o seu serviço?*

Eu tinha conhecido esse empresário em um evento, na semana anterior. Ele pediu o meu número e falou que estava precisando de consultoria em SEO.

Quando eu cheguei no escritório dele, com mais ou menos cinco minutos de conversa ele disse o seguinte: *Eu fui para São Paulo no mês passado participar de um curso de SEO, mas eu vi que isso não é para empresário, é para desenvolvedor, pessoal de TI.*

Mas conversando com você, estou começando a ver sinais de marketing nessas técnicas.

Quando ele disse isso eu pensei: É isso. Essa é a brecha.

Eu fechei esse contrato, voltei para casa muito feliz. Eu lembro que liguei para o meu irmão e contei a novidade altamente empolgado.

O meu irmão que tinha me dado a oportunidade de trabalhar como vendedor de planos telefônicos na Oi. Ele era gerente em uma franquia em Fortaleza.

Quando eu pedi demissão, ele foi um dos poucos que me deu apoio. Meus pais acharam que não era uma boa ideia. A minha noiva (hoje esposa), Iaponira, também ficou com medo.

Mas o meu irmão perguntou: *Você está a fim de ser vendedor de planos telefônicos?*
Eu disse: *Não.*
Ele disse: *Então vai embora logo.*
Eu liguei para ele como uma maneira de dar satisfação e falar que estava dando certo.

Sabe uma coisa legal nessa história?

Anos depois, o meu irmão também saiu da Oi e hoje também é empreendedor digital. Ele tem uma empresa com a sua esposa, e é um dos meus melhores alunos, com resultados muito consistentes.

Voltando para o posicionamento.

Eu cheguei em casa e comecei a escrever um material com o título: **SEO na Prática: Como Transformar o Google no Seu Melhor Vendedor.**

Eu entendi que o assunto conhecido naquele contexto, porém pouco dominado era o SEO.

A maioria dos empresários olhavam para o SEO como algo técnico. E eu tinha a oportunidade de falar do SEO como **Marketing, estratégia e vendas**.

E eu tinha a chance de ao invés de ficar falando de vender com SEO, eu comecei a falar sobre vender usando o Google.

Eu virei o "cara que manjava do Google".

O meu posicionamento naquele momento foi esse: *Eu ajudo os empresários a vender usando o Google. A maioria das pessoas estão prometendo primeiro lugar no Google.*

Eu não me importo com posição. A minha preocupação é com o faturamento, vendas e o lucro dos meus clientes.

Essa é a primeira grande lição de posicionamento que você precisa aprender. Eu peguei algo que todos já conheciam e falei do mesmo assunto, de uma maneira ligeiramente diferente.

Uma outra maneira rápida e fácil de gerar reconhecimento no seu mercado, é quando você muda as metas. Exatamente como eu fiz no exemplo acima.

Está todo mundo falando sobre primeira página no Google. Eu não me importo com isso. Eu me importo com vendas, faturamento e lucro.

Isso é algo que você pode fazer no seu mercado para começar a sair do anonimato.

Eu vou te dar outros exemplos de como eu fiz isso.

Em 2013 eu fiz uma palestra chamada: Como criar um sistema automático de vendas online, desenhado para vender todos os dias.

E naquela palestra eu disse o seguinte: Nós temos muitos empreendedores que estão gerando um grande pico de faturamento em poucos dias.

Mas, ao mesmo tempo, tem um grupo que não consegue bater as suas metas nesses poucos dias, e criam um problema de muitos e muitos dias.

Nada contra gerar um pico de vendas em poucos dias. Mas eu pensei em uma outra opção, uma outra meta.

Que tal, vender todos os dias? E que tal, fazer isso de uma maneira segura e previsível?

BUUUMMMM!

O resultado foi tão poderoso que eu nunca mais parei de falar isso. Quase 6 anos depois, eu continuo repetindo basicamente a mesma coisa.

Ninguém Precisa Te Conhecer Muito Bem, Para Que Você Saia Do Anonimato

Você não precisa ficar contando a sua história, muito menos tentando mostrar todas as suas credenciais e experiências.

Isso não é muito relevante no começo. Se ninguém te conhece, não fica tentando chegar

falando: *Oi, eu sou fulano, especialista em XYZ, com mais de X de experiência etc.*

A melhor maneira de você conseguir ao mesmo tempo, sair do anonimato e gerar autoridade, credibilidade, respeito e admiração, não é falando o seu currículo.

Ok! Mas como eu faço isso?

Você precisa colocar em prática os conceitos que eu estou te ensinando de uma maneira organizada, precisa e repetidas vezes. Não adianta falar apenas uma única vez.

É preciso disciplina.

Consistência.

Vamos colocar agora de uma maneira mais prática as lições.

- 01 - Encontre um tema que as pessoas estão falando no seu mercado de atuação, que todos conhecem, mas que poucos dominam de verdade.

- 02 - Encontre paradigmas, regras ou metas que são incentivadas aos quatro quantos e faça uma sugestão de algo diferente

- 03 - Crie materiais oficiais para apresentar a sua nova maneira de falar de um assunto "velho". Escreva e-books, série de lições, série de vídeos, palestras, webinars, etc.

Não se preocupe tanto com a audiência, o seu objetivo agora é ter materiais em formatos mais "oficiais".

Aqui vale uma explicação um pouco mais detalhada.

Se eu entregasse esse conteúdo que você está lendo agora, gratuitamente em um post no meu blog, ele teria um peso bem menor.

Mas como eu transformei esse conteúdo em um livro e eu cobro por ele, **automaticamente tudo o que eu escrevo aqui tem um peso 10x maior.**

É por isso que digo que pessoas **"desconhecidas"** deveriam se concentrar em atividades mais oficiais e não ficar **jogando pérolas de conteúdo no YouTube para ninguém ver.**

Você pode até começar escrevendo um e-book pago. Eu sei que você deve estar pensando: Mas ninguém me conhece, eles vão pagar?

Eu vou falar isso de uma maneira educada.

> *NÃO é sobre você. É sempre sobre eles (o público).*

Quantas vezes você já comprou um livro sem fazer a mínima ideia de quem seja o autor? **Você pouco se importa quem raios é o autor. Se o conteúdo parece te agradar, ótimo.**

No final das contas, cada um tem os seus boletos para pagar.

• 04 - Aprenda como fazer com que os seus concorrentes trabalhem para você. (Isso vamos falar mais para frente).

Mas fique com essa meta em mente.

Combinado?

A meta não é apenas ser reconhecido, mas transformar isso em lucro

Eu preciso te preparar da melhor maneira possível para a criação do seu **posicionamento único e lucrativo**. Presta atenção nessas duas palavras na mesma frase.

Único E Lucrativo

Esse é um complemento para a promessa que eu te fiz no começo desse capítulo e aqui tem uma relação clara de causa e efeito.

Quanto mais **ÚNICO** for o seu discurso e posicionamento, **mais rápido e lucrativo serão os seus resultados**. Mas cuidado para não confundir único com algo completamente diferente.

ÚNICO não significa completamente diferente. Eu vou te explicar melhor.

Eu tenho um aluno que possui uma grande experiência com técnicas de produtividade. Ele tem um acervo muito completo de ferramentas, processos, checklists, etc.

Mas sempre que ele vai falar sobre o assunto, ele não usa a palavra produtividade, ele usa outros termos. Em algumas situações, fica até difícil entender exatamente o que ele está tentando dizer.

Ele sente tanta necessidade de ser diferente, que acaba ficando "estranho". Entenda a palavra estranho como algo fora do cotidiano do público.

É muito importante que você aprenda algo sobre a mente humana: **Nosso cérebro AMA coisas familiares**.

No meu livro **"Não Me Faça Dormir"**, eu falo sobre os 7 estímulos do cérebro reptiliano. O primeiro deles é o interesse próprio.

A nossa mente funciona mais ou menos assim:

Nós gostamos de pessoas que têm preferências parecidas com as nossas.

Se nós consideramos algo bom, e você é uma pessoa inteligente, logo, quando você conhece alguém que concorda com você, ela também é inteligente.

O nosso instinto de sobrevivência, atrelado ao nosso ego e orgulho, inevitavelmente se alegra quando alguém concorda conosco e se entristece ou fica bravo, quando alguém discorda de algo que acreditamos.

Pense sobre isso. Você está no jantar em família, você está dando a sua opinião sobre um assunto, todos estão concordando, até que chega o seu cunhado e diz: *Eu acho que você está completamente enganado.*

Xííii!

Ninguém gosta de estar errado. Ninguém. Nenhum ser humano, por mais maduro que seja, se sente totalmente confortável em ser confrontado diretamente.

É por isso que você precisa saber como apresentar o seu discurso de uma maneira que seja aceita mentalmente, isto é, emocionalmente, pelo seu público.

Por isso que você precisa ter muito cuidado em não **"inventar muito a roda"**.

Lembre-se:

> *O seu objetivo final é gerar uma venda.*

Está lembrado dos boletos? Pois é.

Alguns empreendedores criam posicionamento pensando no que os **"colegas de mercado"** vão pensar. Você precisa pensar no seu público. No seu cliente. Ponto.

Mas voltando para a questão de conseguir fazer com que a mensagem seja recebida, aceita e gere uma ação de compra.

Antes de avançar nas técnicas de posicionamento, eu preciso falar sobre o conceito da Barreira Mental. Mas nós vamos fazer isso, daqui a pouco. No próximo capítulo.

Não fecha esse livro.
Não vai embora.

As 3 Táticas De Posicionamento Mais Poderosas Que Existem E A Batalha Com A Barreira Mental

Quando Al Ries escreveu o "Posicionamento - A batalha por sua mente", ele escolheu o título perfeito.

Infelizmente, trinta e nove anos depois, muita gente ainda não entendeu a parte da batalha mental.

Eu sei que pode parecer algo muito prepotente o que eu vou tentar fazer agora. Mas espero que você entenda que é por uma boa razão e na melhor das intenções.

Nas próximas linhas eu vou tentar **"simplificar"** o conceito de batalha mental, utilizando um outro termo que eu chamo de Barreira Mental.

Eu espero ser bem sucedido na minha tentativa.

Quando Al Ries falou sobre batalha mental, a mensagem principal era muito simples.

Nós não devemos ficar olhando para o mercado em si, mas a percepção das pessoas sobre produtos, serviços e marcas.

Conseguir encontrar uma brecha de mercado, na verdade, significa conseguir uma brecha na mente do público.

Isso são coisas completamente diferentes.

Mas aqui temos um problema ainda maior de ser superado. Na verdade, a missão não termina quando você encontra uma brecha de mercado, essa é apenas a primeira parte.

O grande desafio é conseguir **"preencher essa brecha mentalmente"** e conseguir proteger esse posicionamento.

Eu vou apresentar três estratégias de posicionamento, cada uma podendo ser utilizada em momentos específicos da sua empresa.

Em outras palavras, cada momento do seu negócio, exige uma estratégia diferente de posicionamento.

Estratégia Número 01: Apresente Uma Solução Complementar Para O Seu Mercado

Quando você estiver em um mercado que de certa forma já esteja consolidado, isto é, já tem os seus players estabelecidos, você precisa usar a estratégia certa.

Sendo bem honesto, eu não acho que **"chegar atrasado na festa"**, seja de fato um grande problema.

Para muitos, é uma tremenda oportunidade. Eu chamo de chegar atrasado na festa, quando um concorrente ou muitos deles, já começaram primeiro.

Talvez você olhe para o seu mercado agora e pense: *Cheguei tarde demais. Já estão todos estabelecidos e consolidados.*

Isso simplesmente não existe. Eu poderia dar vários e vários exemplos, contar histórias de marcas, etc.

Mas eu não vou fazer isso. Eu apenas quero que você experimente colocar em prática o que eu vou te sugerir.

Sentir os primeiros resultados, provavelmente será a melhor maneira de te convencer.

Uma das regras citadas por Al Ries sobre posicionamento diz o seguinte:

Ninguém consegue representar duas coisas ao mesmo tempo na mente do público.

É muito difícil alguém conseguir ser o "maior" e ao mesmo tempo, o mais "personalizado".

Pense em algum concorrente seu que tem eventos para milhares e milhares de pessoas. Talvez, dezenas de milhares.

Onde existe multidões, dificilmente existem informações ou conteúdo ou soluções, que estejam em um nível mais avançado.

Isso é algo que já está materializado em nossa mente. **Multidão é o oposto a Premium, seleto, VIP**.

Lembre-se que estamos falando de batalha mental. Um jogo de percepções.

Al Ries explica que a fraqueza do líder está na sua força.

Em outras palavras, você precisa observar com muita atenção, qual é o principal atributo do atual líder do seu mercado?

Ele(a) é conhecido por quais adjetivos? O que está na mente das pessoas? É nesse momento que você pode utilizar a tática da solução complementar.

Deixa eu dar um exemplo prático:

No Brasil já existem muitos colegas que falam sobre técnicas de Copywriting. Já existem cursos de copy, eventos, livros, etc.

Eu não fui o primeiro a falar de copy.

Mas eu queria lançar um novo programa de copy e precisava de algo que pudesse garantir uma **"brecha mental"**.

Foi nesse exato momento, que eu usei essa técnica que eu vou compartilhar com você.

Mas antes de compartilhar as **três técnicas**, eu preciso explicar com um pouco mais de detalhes, o que significa o que eu chamo de **Barreira Mental**.

O Que É A Barreira Mental E Como Cravar O Seu Posicionamento Na Mente Do Seu Público

A barreira mental consiste basicamente na nossa mente consciente cumprindo a tarefa de duvidar, questionar, refutar e até mesmo ignorar certas mensagens.

Imagine a seguinte situação:

Você está diante de um vendedor, e ele começa o seu discurso. Mentalmente você pensa: *Isso é papo furado. Não acredito em nada do que você está falando.*

Depois que o vendedor encerra o seu discurso, você educadamente diz: *Vai ficar para a próxima. Obrigado.*

Esse é um dos momentos que a barreira mental entra em ação. Porém, essa é uma atuação mais consciente.

Uma atuação mais discreta da barreira mental é quando alguém começa a apresentar alguma informação, conteúdo ou oferta e você fica pensando:
Não sei não. Não sei não.

Algo não "cheira bem". **Por alguma razão, você não acredita totalmente no que está ouvindo.**

A nossa barreira mental é construída a partir dos sete anos de idade. Antes disso, praticamente não temos filtro, por esse motivo, acreditamos em boa parte do que nos é apresentado.

Alguns estudos apontam que a mente de uma criança de quatro à sete anos de idade irão apresentar ondas Theta (4 a 7 ciclos por segundo).

Na prática, Deltha, Theta e Alpha são estágios hipnóticos da mente.

Em outras palavras, a mente está totalmente aberta para sugestões.

Nesse caso específico, sugestões significa alguém **"criar algo na sua mente"**. Ou simplesmente você acreditar em tudo o que te dizem.

Eu não quero me aprofundar nesses assuntos mais científicos, pois além de não ser o foco do livro, também não é a minha área de especialidade.

Essa é apenas uma tentativa de embasar o nosso estudo de posicionamento com aquilo que eu tenho estudado ao longo dos últimos anos.

Aviso dado. Vamos continuar.

Depois dessa nossa fase de construção de pensamento crítico, as coisas ficam bem diferentes.
Quando a nossa mente está em um estado mental diferente de atuação, é muito mais difícil gerar o convencimento.

Com o passar dos anos, cada um de nós começa a criar os nossos próprios paradigmas e crenças estabelecidas.

Quanto maior os paradigmas, as crenças e certezas, maiores as barreiras mentais.

Em alguns assuntos, a sua barreira mental é maior que outros. Tudo depende das suas experiências acumuladas.

É nessa fase da vida que também temos os nossos comportamentos e reações gatilhos consolidados.

Imagine que você tenha experiências negativas acumuladas de pessoas que falam gritando.

Sempre que alguém repete esse comportamento perto de você, **automaticamente ativa a sua memória e gera uma reação quase que automática.**

Talvez você tenha sido muito interrompido, você começava uma atividade, alguém te chamava, e isso foi criando um histórico de emoções.

Quando alguém te interrompe no meio de uma atividade, você quase tem um "troço".

Enfim, os exemplos são inúmeros.

Mas a barreira mental envolve não somente as nossas crenças como são essas crenças que direcionam nosso comportamento e tomadas de decisão.

E é essa barreira que precisa ser desativada para que o seu posicionamento seja criado na mente do seu público e esse posicionamento gere uma ação de compra.

Eu sei que tudo isso pode assustar um pouco no começo.

Estudar a mente humana a esse ponto, somente para persuadir, influenciar e vender?

É difícil responder essa pergunta.
Mas acredito que a melhor resposta seja:

> *Se você verdadeiramente acredita que o seu produto/serviço, pode ajudar a melhorar a vida do seu público, você precisa encontrar a melhor maneira de mostrar isso para ele.*

Por que algumas pessoas escutam do médico: Ou você muda os seus hábitos ou você vai morrer. E mesmo assim a pessoa não muda?

A mensagem não foi recebida com sucesso. Quando a mensagem "não entra", dificilmente gera algum tipo de resposta em novos comportamentos ou ações.

O primeiro passo para desativar a barreira mental é: Comece pelo óbvio e ganhe o primeiro sim

No primeiro capítulo eu falei sobre o fato de que ninguém gosta de ser confrontado.

Essa é a barreira mental em ação.

Mas a melhor maneira de desativar a barreira mental envolve um discurso que comece sendo recebido de uma maneira fácil.

Vou falar de quando eu comecei a falar sobre o vender todos os dias *(Que já é algo fácil de ser aceito, concorda?)*

Eu comecei mais ou menos assim.

Hoje no mercado brasileiro, nós temos colegas que estão conseguindo grandes resultados em vendas, em um curto espaço de tempo. Algo realmente incrível.

Mas, ao mesmo tempo. Temos muitos que não tiveram o mesmo resultado.

Existem também aqueles que tentaram deixar tudo no piloto automático e tiveram certo sucesso, mas também temos aqueles que não tiveram o mesmo resultado.

Então eu fiquei pensando, *será que não existe algo um pouco mais seguro? Algo que possa gerar vendas todos os dias?*

Algo que mesmo aqueles que tem uma estratégia automática, pudessem também inserir essa estratégia?

E mesmo aqueles que tiveram bons resultados com grandes campanhas, tivesse uma segunda opção, uma espécie de plano B, caso as coisas não aconteçam como eles planejaram.

Ou se eles decidirem fazer algo diferente?

E foi assim que eu comecei a minha busca por uma estratégia de marketing digital, capaz de gerar vendas todos os dias.

Eu não acredito que encontrei algo perfeito. Talvez não seja a estratégia mais poderosa de todas.

Mas ela pode dar segurança, tranquilidade e lucratividade para qualquer negócio, que decida seriamente colocar essas técnicas em prática.

Conseguiu identificar os vários momentos que eu desativo a barreira mental?

Eu sempre apresento os pontos positivos antes de falar levemente de algo não tão positivo assim.

Eu nunca faço afirmações definitivas, sem antes, reconhecer a possibilidade de "limitação" no que eu estou falando.

Repare nesse trecho: *Eu não acredito que encontrei algo perfeito. Talvez não seja a estratégia mais poderosa de todas.*

No texto acima, eu desativei a barreira mental.

Agora com a "guarda baixa" eu jogo a minha mensagem principal:

Mas ela pode dar segurança, tranquilidade e lucratividade para qualquer negócio, que decida seriamente colocar essas técnicas em prática.

Eu vou te dar um outro exemplo, que eu usei no primeiro capítulo desse livro com você.

Sim! Estou usando todas as técnicas com você nesse livro.

Repare bem:

Eu começo esse primeiro capítulo usando duas palavras na mesma frase que geralmente causam desconfiança em muitas pessoas.

Rápido e Lucrativo. Essas duas palavras, apesar de serem utilizadas exaustivamente juntas, na prática, nem sempre estão de mãos dados.

Em muitos casos as palavras mais realistas para usarmos na mesma frase seria: Devagar e com prejuízo. É triste. Eu sei.

Concorda que essa primeira parte é fácil de concordar?

Eu falo o óbvio.

Eu apresento aquilo que as pessoas geralmente desconfiam, refutam e coloco como algo verdadeiro.

Continue observando:

Infelizmente essa tem sido a realidade de muitos empreendedores e profissionais de marketing. Mas eu vou te ajudar a virar esse jogo.

Afinal, como eu gosto de dizer: Boletos não esperam.

Apesar da necessidade de resultados rápidos, eu preciso dizer que a maioria das estratégias precisam de um certo tempo.

Seja na implementação, seja na geração de resultado expressivos.

Aqui eu simplesmente faço um **reforço da mensagem**. Continuo **desativando a barreira mental mais e mais.**

E somente agora, depois da barreira mental desativada, chegou o momento de passar a mensagem principal.

O que eu vou te apresentar nas próximas linhas é uma exceção. Por isso eu posso usar rápido e lucrativo sem nenhum receio.

Sendo bem honesto, eu poderia até usar muito rápido e extremamente lucrativo. Ou altamente lucrativo, como muita gente gosta de usar na headline.

Reparou?

O objetivo é sempre criar mensagens que utilize técnicas de comunicação capazes de delicadamente, ser recebida pela mente do seu público.

Quando você consegue passar a barreira consciente, a mensagem chega no subconsciente e lá ela fica gravada.

Agora vamos voltar para a técnica.

A Implementação Prática Da Estratégia Número 01: Apresente Uma Solução Complementar

Há alguns dias eu vi um anúncio do Prezi (ferramenta que faz apresentações).

A mensagem dizia basicamente: Adeus Power Point.

Os comentários na publicação eram, em sua maioria, negativos.

Apesar de comentários em anúncios não representar necessariamente um sentimento consolidado, é importante sentir um pouco.

O que eu preciso que você entenda é que a **barreira mental** é ativada quase que imediatamente, sempre que você faz afirmações fortes.

Por isso que é tão importante você decidir o momento certo de passar essa mensagem.

Vou criar um texto de como seria mais ou menos uma "copy" para o Prezi.

Ao invés de falar Adeus Power Point, ele poderia ir na linha do complementar.

Uma Nova Maneira De Compartilhar As Suas Ideias, Conteúdo E Histórias

O que eu vou te apresentar agora é uma maneira diferente, digital e que tem atraído muitas pessoas que desejam apresentações profissionais e criativas.

Essa é a sua chance de deixar a sua apresentação ÚNICA, deixar a sua audiência de queixo caído e segurar a atenção das pessoas do começo ao fim.

Talvez você já tenha usado ferramentas tradicionais de apresentação. Elas são úteis e tem ajudado muitas pessoas.

Mas o mundo digital permitiu uma nova maneira de criar apresentações.

Algo que permita apresentar o seu conteúdo da mesma maneira que o cérebro humano funciona.

Depois de usar essa poderosa ferramenta, talvez, você irá aposentar as mais antigas e tradicionais que você tem usado.

Alguns clientes chegam até a dizer frases como: Adeus Powe... (Não vou continuar para não causar nenhuma polêmica).

Aqui está a ferramenta que vai te ajudar a levar as suas apresentações para o próximo nível.

E aí! O que achou?

Percebe que eu busquei criar um desejo, expectativa, mas ao mesmo tempo, fui inserindo lentamente novas promessas?

A ideia dessa primeira técnica é que você basicamente faz o seguinte:

Reconheça o que existe de positivo no mercado e apresente algo complementar.

Eu vou ser um pouco "repetitivo", mas é necessário. Quando você está tentando encontrar uma brecha de mercado, preste atenção na palavra brecha.

Ou seja, ENCAIXE.

Você está primeiro se encaixando, conseguindo um "lugarzinho".

Imagine uma sala lotada, que você precisa apenas de um pequeno local para você marcar território.

A sua meta é entrar, fazer parte daquele ambiente, ou seja, do mercado.

O seu objetivo é ser minimamente notado.

Na sequência, com o passado do tempo, você vai mudando a sua estratégia de posicionamento para conquistar um espaço maior.

Isso nos leva para a segunda estratégia.

Estratégia Número 02: Apresente Algo Um Pouco Mais Avançado No Seu Mercado

Eu disse um pouco mais.

O maior problema da maioria dos empreendedores que não dominam as técnicas de posicionamento é que eles usam a estratégia errada na hora errada.

A maioria acha que precisa chegarno

mercado mostrando que é completamente diferente, que está fazendo algo que nunca foi feito anteriormente, etc.

É muito mais difícil ser o primeiro, o desbravador, aquele que abre o mercado.

É um trabalho realmente mais pesado. Ao invés de tentar mostrar que você tem algo completamente diferente, e decidir criar um novo mercado, farei uma sugestão diferente.

Você pode criar uma pequena variável na categoria que você faz parte.

Vou dar um exemplo prático.

Quando eu comecei o meu treinamento para formar consultores de marketing digital, eu usei essa técnica de posicionamento.

Eu apresentei algo ligeiramente diferente e um pouco mais avançado.

O meu discurso foi o seguinte:

Nós já temos vários colegas fazendo um excelente trabalho formando consultores de marketing digital.

O mercado está avançando muito nesse campo. MAS eu senti falta de algo um pouco mais avançado.

É o que eu chamo de Consultor de Vendas Online.

Deixa eu explicar a diferença:

O Consultor de marketing digital faz o seguinte: Cria páginas, sites, blog. Ele cuida das mídias sociais, ele faz o gerenciamento de publicidade. Ou seja, ele é o braço operacional.

Já o Consultor de Vendas Online, se concentra nas estratégias de vendas da empresa. O papel dele é criar campanhas de aquisição, monetização e ativação.

Ele não trabalha com a parte operacional, mas com a parte estratégica com o foco em vender todos os dias.

Percebeu a diferença?

Quando você cria contrastes claros, a mente consegue entender com extrema facilidade.

O outro ponto chave aqui é que faz parte do seu papel como estrategista, colocar o seu concorrente na caixa que você dá o nome.

Você mesmo explica as diferenças e categoriza o mercado.

Quando eu falo: Existem profissionais fazendo um excelente trabalho formando consultores de marketing digital. Automaticamente eu coloco outros players na caixa "consultor de marketing digital"

O que não é nada negativo, certo? Apenas diferente do que você está propondo.

Eu fiz a mesma coisa quando comecei a falar sobre as campanhas de vendas online.

O meu discurso foi:

Nós temos muitos colegas falando sobre funil de vendas, um assunto altamente importante.

MAS sinto falta de falar de um assunto um pouco mais avançado, que são as campanhas de vendas online.

Nessa segunda estratégia de posicionamento que você irá apresentar a sua proposta como algo um pouco mais avançado, o discurso é o seguinte:

Você reconhece algo de positivo no mercado, mas aponta também algo que precisa de uma conversa mais avançada.

Recentemente eu lancei uma formação de copywriters utilizando esse exato discurso.

A mensagem foi:

O mercado brasileiro está avançando muito nas técnicas de copywriting. Mas eu sinto falta de uma conversa mais avançada sobre o Copywriter (aquele que escreve).

Algo mais avançado, que ele consiga escrever de uma maneira mais rápida, com técnicas mais avançadas, e principalmente, sabendo o que fazer com aquela copy.

Algumas pessoas até escrevem bem, porém demoram semanas.

Outras até conseguem escrever bem em um curto espaço de tempo, mas não sabem muito bem que campanha usar com aquela copy.

Foi por isso que eu decidi criar algo mais avançado nesses três momentos:
Velocidade
Qualidade
Estratégia/Campanha

Lembra o que eu falei sobre entrar na sala? Conseguir um "lugarzinho"?

Pois é. Depois que você já tem esse primeiro espaço, quando você começa esse novo discurso, isso te ajuda a ampliar o seu espaço, relevância, autoridade.

O mercado de um modo geral é composto por profissionais/produtos/serviços mais básicos, que atuam com foco na massa ou em iniciantes.

Quando você começa a avançar para um posicionamento mais avançado, naturalmente você começa a atrair clientes em jornada.

Ou seja, pessoas que já compraram cursos, produtos, serviços mais básicos e que agora procuram pelo próximo nível.

É aqui que você avança no posicionamento, lucro, visibilidade.

Tudo ao mesmo tempo.

Recapitulando e simplificando.

Quando você já tem um certo espaço no seu mercado, você começa a pegar pontos em COMUM, que são mais populares, e começa a colocar elementos mais avançados.

> *O mais importante é que você comece de um ponto popular e conhecido.*

Infelizmente, alguns tentam falar de assuntos avançados e desconhecidos, sem usar como base assuntos mais básicos e populares.

É muito mais difícil.

Eu **SEMPRE** vou pegar assuntos mais básicos e conhecidos para encaixar com algo novo e avançado.

Posicionamento é sobre "assaltar a mente", como ensinado por Al Ries.

Isso significa pegar carona naquilo que já está na mente das pessoas primeiro, para depois, começar a inserir novos elementos.

Simples assim.

Agora que falamos de novos elementos, isso nos leva para a terceira estratégia de posicionamento.

Estratégia 03: Apresente Algo Super Novo

(mesmo que seja um novo olhar sobre um assunto antigo)

Essa é uma das estratégias de posicionamento mais poderosas que existe.

Porém, o ideal é ser utilizada somente por pessoas que já possuem um certo tipo de liderança no seu mercado.

Enquanto as duas primeiras estratégias representam ações de conquista de mercado.

Sendo a primeira de encontrar a brecha e a segunda de aumentar o "tamanho dessa brecha".

Essa terceira estratégia envolve a **DEFESA** de uma brecha de mercado. Por isso ela é ao mesmo tempo poderosa como também necessária.

É normal que outras pessoas do seu mercado passem a te imitar. Alguns de maneira suave, outros de maneira mais direta.

> *A imitação nunca é uma boa estratégia de posicionamento.*

Todos aqueles que fazem uso desse recurso, não entenderam **o poder da estratégia 01 e 02**.

Quando eu falo sobre "imitação" é quando alguém pega ganchos de posicionamento e usa de maneira levemente diferente. Mas no final, está falando basicamente a mesma coisa.

Da mesma maneira que a barreira mental existe, o cérebro humano é mestre em encontrar padrões e semelhanças.

É por isso que facilmente você para e pensa: *Ei! Eu já vi isso em algum outro lugar.*

Quando você entende que posicionamento consiste em encontrar BRECHAS mentais e no seu mercado, rapidamente você fica bom em criar discursos únicos.

É muito comum que alguns iniciantes nas estratégias de posicionamento, tentem criar frases de efeito, que ao longo do discurso não conseguem ser mantidas.

Aqui é um grande risco. Porque alguns começam a apresentar discursos que podem ser facilmente revertidos.

Acredite em mim. Você não vai querer começar a usar um discurso em suas campanhas que você não será capaz de sustentar.

Aviso dado. Agora vamos entender como funciona a aplicação dessa estratégia.

O discurso desse tipo de posicionamento envolve basicamente dois pontos chaves:

Isso não existia. E eu decidi criar.

É um mix entre: Existia essa necessidade que eu mesmo tinha, como não encontrei nada, fui atrás, descobri e agora voltei para compartilhar.

Aqui vale um comentário a mais.

Isso não existia dessa maneira específica. E eu decidi criar.

Vou dar alguns exemplos.

Quando eu criei a formação de copywriters o meu ganho principal foi de falar que muito é falado sobre as técnicas, mas que era preciso falar também sobre o profissional Copywriter.

E foi aqui que eu apresentei um típico "não existe dessa maneira" e eu decidi criar.

O meu discurso foi:

Eu decidi criar esse programa também para te ajudar a formar a sua equipe de copywriters.

Até existem outros programas que vão te ajudar a formar um profissional de copywriter.

Mas o que eu sentia falta e por isso decidi criar, foi um treinamento que forme não somente o profissional em copy, mas também na parte estratégica.

Percebe a diferença?

Eu falo que não existia daquela maneira específica e por isso eu decidi criar.

Esse tipo de discurso em posicionamento é extremamente poderoso, automaticamente cria um desejo do novo (que é característico do ser humano).

Nós sempre temos mais interesse naquilo que é novo (ou se parece novo). Porém, nós temos interesse no que é novo dentro de uma categoria que nós já nos identificamos.

Esse é um dos maiores segredos de posicionamento que eu descobri.

Preste atenção nos filmes que você mais gosta. Livros, estilos de vídeos, jogos.

Você até pode ter um gosto mais eclético, mas, mesmo assim, você naturalmente tem alguns padrões do que você tem mais interesse.

O tipo de filme, música, livros, jogos que nós temos preferência, é natural que o nosso interesse seja de "mais do mesmo".

Porém, com um gostinho de "novo do mesmo".

É por isso que artistas do mundo pop (internacional) e artistas brasileiros (principalmente do sertanejo universitário), encontraram uma fórmula mágica para criação de músicas.

Eles sabem a melodia, arranjo, estilos de refrões que o público mais se agrada.

No mundo da tecnologia, melhorias ou novas versões de um mesmo produto, geralmente ativam uma compra imediata dos clientes atuais.

Essa semana o Tim Cook da Apple fez o anúncio dos novos EarPods (fone de ouvido sem fio da Apple).

Ele fez o anúncio de novas melhorias, uma bateria que dura mais tempo, etc.

É o mesmo produto, porém com melhorias. Isso já é o suficiente para reativar a compra de quem já comprou e gerar novas compras de quem nunca comprou.

O líder daquela brecha de mercado, precisa atuar na defesa. E essa defesa consiste basicamente em ações de auto-ataque.

Você transforma o seu produto/serviço em algo (velho). Mas é você que apresenta o novo.

Você mesmo reconhece pontos falhos ou que podem ser melhorados e você mesmo apresenta novas soluções.

Nesse caso, você reconhece pontos positivos do que você entrega, reconhece elementos que podem melhorar, e então, fala do novo que você está criando.

Lembre-se que continuamos falando sobre barreira mental.

Quando você reconhece um ponto de melhoria no seu produto, é um desarme quase que completo da barreira mental.

Mas você sempre precisa destacar vários pontos positivos antes de apresentar um negativo.

Algo mais ou menos assim.

"No Expert em Vendas Online muitos alunos estão conseguindo fechar contratos de alto valor usando as 3 técnicas (Aquisição, Monetização e Ativação).
Muitos já conseguiram criar uma rotina Altamente produtiva e lucrativa implementando essas campanhas.

Essa é uma das estratégias mais poderosas que existem. MAS a curva de aprendizado para alguns, ainda é um obstáculo que me incomodava.

Eu sabia que a pessoa conseguiria ter resultados implementando essas ações. Mas eu sei que alguns precisam de resultados com mais velocidade.

Foi quando eu decidi testar algo novo. Não para você parar de fazer o outro modelo, mas para complementar a sua estratégia no curto prazo.

Eu decidi separar 7 tipos de estratégias de rápida implementação, que você pode vender e entregar em 30 dias para os seus novos clientes.

E aqui está como funciona... percebe como funciona?

O Segredo Do Posicionamento Para Vender Todos Os Dias É Aprender A Se Reposicionar Sempre

Essas três estratégias apresentam de uma maneira específica como um empreendedor pode sair do anonimato (estratégia 01), aumentar sua participação de mercado (estratégia 02), e defender a sua brecha de mercado (estratégia 03).

Mas existe um outro ponto que você precisa prestar muita atenção.

Algumas vezes (ou muitas), o seu mercado vai mudar. O desejo, metas e anseios do seu público podem seguir em uma direção diferente.

Seja por um movimento de outro concorrente que cria uma onda, seja por um movimento natural do próprio público.

E é nessa hora que você precisa aprender a se reposicionar.

Mas antes de tomar essa decisão, você precisa ter muita clareza do tipo de cliente que você quer atender e o cliente que você não quer.

Esse é um assunto que nos leva para o próximo capítulo.

Posicionar Para Quem?

Cuidado com quem você vai atrair...

Chegou o momento de você tomar uma das decisões mais importantes para o seu negócio.

Nada é tão importante quanto o que nós iremos decidir agora.

Mas a boa notícia é que mesmo sendo uma decisão extremamente importante, ela não é uma decisão do tipo: Nunca mais você poderá voltar atrás.

Pelo contrário. É extremamente inteligente e recomendável que de tempos em tempos, você avalie o mercado e decida se é o momento de alterar um pouco essa decisão.

Vamos entender isso na prática e da maneira mais simples possível.

Quando você vai tomar uma decisão de posicionamento, é preciso com muita clareza decidir o seguinte:

Posicionar para quem?

Apesar dos muitos conselhos sobre   definição   de público-alvo, dores, etc. Essa não é a base para a criação de um posicionamento.

Vou explicar exatamente o motivo.

A diferença entre clientes em potencial e clientes compradores

Quando um empreendedor começa a definir o seu público-alvo, na maioria das vezes ele faz um exercício imaginário. O que pode se tornar um grande problema.

Quando alguém te pergunta: Qual o seu público? Alguns começam a descrever, eu quero ajudar homens, entre X e Y que querem 1,2,3.

No mundo do posicionamento existe uma outra pergunta mais inteligente a ser feita.

A pergunta é: **Quem está comprando hoje esse tipo de solução?**

Começar pensando nos atuais clientes compradores do mercado, é muito mais inteligente e lucrativo.

O problema é que muitos tentam chegar do zero e abrir novos mercados do zero.

É muito mais fácil você fazer com que um cliente faça uma migração ou lhe veja como algo complementar.

Por isso você tem que definir claramente: Posicionar para quem?

A minha sugestão é bem simples: **Posicionar para quem já está comprando.**

Vamos entender um pouco dos quatro tipos de públicos.

Público Número 01: Pessoas Que Não Reconhecem Que Tem O Problema Que Você Promete Ajudar A Resolver

Esse é o público mais difícil para quem está começando do zero.

Infelizmente é por onde a maioria que está começando do zero tenta iniciar a sua estratégia de posicionamento de mercado.

Eu sei que é muito difícil falar para um novo empreendedor (ou mesmo um mais experiente) que ele não deveria tentar ser tão inovador assim no começo.

Mas essa é uma verdade em muitos casos. Vou tentar explicar de uma maneira mais clara. Vamos ver se eu consigo te convencer.

A maioria tenta chegar no mercado com algo completamente novo e diferente.

Porém, tudo que é novo, precisa de tempo (as vezes muito tempo) até ser assimilado, e então, possa virar um movimento mais forte.

Nesse caso, a estratégia mais segura seria criar "mais do mesmo". É, eu sei que essa parte é difícil.

Mas eu vou te ajudar. A ideia é criar "mais do mesmo", porém, com pequenas diferenças.

Algo que as pessoas já possam reconhecer, mas elas conseguem ver: Opa! Tem algo diferente nisso.

Mas voltando para o público 01. Esse público simplesmente não está prestando muita atenção.

Eles precisam de um despertar de consciência para pensar a respeito e então, reconhecer que precisam de ajuda.

Eu não vou detalhar estratégias de posicionamento para esse tipo de público, pois eu não recomendo que você comece pensando neles.

Mas vou falar de uma maneira geral.

A maneira mais fácil de fazer alguém reconhecer um problema ou limitação, é quando você coloca essa pessoa em situações de **"confronto direto"**.

Vou te dar um exemplo de abordagem.
Imagine um curso de inglês.

Você quer vender para uma pessoa que acha que não precisa de inglês e está tudo bem na vida dela.

Um discurso de posicionamento seria mais ou menos assim.

"Imagine que o seu celular toca agora. Do outro lado da linha alguém diz, tenho uma proposta de trabalho para você.

Nós iremos te pagar 4x mais do que você ganha hoje. Você topa?

O que você responderia?

Agora imagine que do outro lado a pessoa diz o seguinte: Só tem uma coisa.

Inglês é totalmente obrigatório. Você fala inglês?

Essa vaga continuaria sendo sua?

Se a sua resposta foi não. Eu tenho algo para te dizer.

Não falar inglês está te fazendo perder dinheiro."

Esse é o modelo de abordagem para gerar confrontos em alguém que precisa ser convencido.

Em outras palavras, mostrar o que ele está perdendo. É muito mais fácil fazer alguém agir por medo, do que propriamente por desejo.

Público Número 02: Pessoas Que Reconhecem Que Tem O Problema, Mas Não Sabem Que Existe Uma Solução

Esse é um público um pouco mais fácil de conversar e conseguir a atenção, porém, difícil de conseguir gerar uma ação.

Essas são aquelas pessoas que gostam de falar que tem um problema e sempre que você dá sugestões de como resolver, eles falam: *Não sei. Acho que não dá certo para mim.*

Essas pessoas em muitos casos, são bem cansativas.

É o típico perfil que pergunta, pergunta, pergunta, pergunta e depois diz: *Vou pensar mais um pouco.*

Para conseguir falar com esse público e criar um posicionamento realmente forte e que gere uma ação, é preciso criar uma espécie de momento **A-HA**!

Esse público precisa de algo que eles falem: **SABIA! EU SABIA! Tinha que ter um segredo.**

Esse público adora uma novidade, algo pouco conhecido, nunca antes revelado, coisas desse tipo.

Eles também são muito questionadores e precisam de mensagens mais elaboradas na lógica.

Deixa eu continuar com o exemplo do inglês.

"Por que existem algumas pessoas que estudam inglês há mais de cinco anos e não conseguem ter uma conversa de cinco minutos?

E por que existem pessoas que passam 3 meses nos EUA e voltam com um inglês muito melhor? Conseguem se virar?

Alguns vão dizer que é a prática e a vivência com o idioma. Imersão em outro país, funciona melhor.

Tudo bem.

Mas quer dizer que a ÚNICA maneira de aprender inglês é indo morar nos EUA?

Quer dizer que todos os brasileiros que falam inglês moraram por algum tempo nos EUA?

Isso não pode estar certo. Tem que ter algum motivo a mais.

Pois é. Eu fui investigar. E eu encontrei a resposta. Esse é o SEGREDO do Inglês rápido.

E você terá uma oportunidade rara de ver esse segredo.

Percebe?

Viu como eu tento com esse discurso criar um posicionamento de **"descobridor?"**

Estou revelando algo para o público.

O posicionamento vai sempre usar esse tipo de argumentação para despertar o público que existe algo que possa resolver aquele problema.

E que é algo que realmente funciona.

Esse público 02 está mais interessado na história do produto, do que propriamente dito na oferta do produto.

Público Número 03: Pessoas Que Reconhecem Que Tem Um Problema, Sabem Que Existe Uma Solução, Mas Não Acham Que Serve Para Elas

Aqui já começamos a ter um público que na maioria dos casos, já é comprador.

Pessoas que já tiveram experiências passadas com soluções parecidas com a sua.

Já compraram outros treinamentos, eventos, serviços, produtos físicos.

Algo semelhante ao que você pretende oferecer.

Esse é o tipo de público que você precisa ao mesmo tempo mostrar semelhança e diferencial.

Eu sei que no primeiro momento isso pode parecer um pouco complicado.

Mas entender isso é o que pode acelerar os seus resultados em todos os aspectos.

Estou falando de criação de autoridade, reconhecimento e obviamente, vendas.

Nesse tipo de público as pessoas já irão fazer referência aos diferenciais do seu produto.

Exemplo: O Natanael tem um curso que ensina XYZ. Eu conheço uma pessoa que participou da mentoria do Natanael e gostou bastante.

A discussão não é mais sobre o problema, promessa em si, é uma discussão mais avançada.

Sempre que você estiver lidando com um   público mais "quente", a   estrutura de comunicação para a criação de um posicionamento é bem diferente.

Eu vou ilustrar isso de uma maneira prática.

A Estrutura Da Mensagem Para Um Público Frio

01 - Promessa
02 - Problema
03 - Causa
05 - Solução
06 - Oferta

A Estrutura Da Mensagem Para Um Público Morno

01 - Promessa
02 - Bastidores da Solução 03 - Oferta

A Estrutura Da Mensagem Para Um Público Quente

01 - Oferta
02 - Bastidores da solução
03 - Oferta

Você precisa ter muita clareza com quem você está tentando se comunicar.

Em outras palavras, qual o público você quer criar um posicionamento.

P: Natanael: Eu posso falar com os 3?

R: Sim! Porém, o ideal é que você converse com um de cada vez. Você pode ter um produto/ oferta/ abordagem específica para cada público

Deixa eu explicar isso melhor e colocar alguns exemplos de copy.

Estrutura Para Um Público Frio

Promessa: O Ingrediente Secreto e Altamente Poderoso Para Transformar o Seu Nome em uma Autoridade

Problema: Milhares de profissionais estão vivendo a mesma realidade. Oferecem, mas não vendem.

Criam anúncios que não convertem... criam aulas que ninguém se interessa, que não gera nenhum movimento...

Se esforçam, mas nada acontece...
Muitos tem tentado diariamente vender, mas parece que nada funciona.

Por que alguns conseguem ter resultados com a mesma estratégia e outros simplesmente fracassam?

Causa: A resposta é simples. A solução é rápida... (Se você souber como fazer).

A verdade é que sem autoridade... fica muito difícil convencer qualquer pessoa a comprar o seu produto...

Se você não consegue criar uma imagem instantânea de autoridade... a famosa primeira impressão, dificilmente você irá mudar essa imagem com mais e mais conteúdos.

Existe um ingrediente secreto. Algo que poucos conhecem.

É por isso que a maioria fracassa... eles não conhecem esse elemento.

Solução: Eu vou te explicar exatamente o que eu chamo de Ingrediente secreto para transformar o seu nome em uma autoridade...

Aqui está...

[Aqui entra o "conteúdo de fato]

Você precisa de 1,2,3....

Oferta: Agora que você entendeu que precisa de 1,2,3... deixa eu te mostrar exatamente como eu posso te ajudar em cada uma dessas etapas.

Repare que nessa estrutura eu faço uma grande promessa, apresento o problema, gero consciência, desperto para uma causa desconhecida, avanço para a solução e oferta.

Agora vamos ver na prática como seria uma estrutura de copy (que gera posicionamento) para um público morno.

Mas antes de avançar, eu preciso ter a certeza de que você entendeu o que nós estamos fazendo aqui.

O posicionamento consiste na criação de uma IMAGEM mental, algo como uma marcação na mente do seu público.

Algo que faça com que ele lembre de você.

Essa primeira estrutura tinha como objetivo criar a imagem mental: Nossa! Nunca tinha pensado dessa maneira sobre autoridade... agora tudo fez muito mais sentido.

Esse "click" na mente é o que gera o posicionamento. Você conseguir gerar um impacto mental.

Agora eu posso continuar.

Vamos analisar a mesma estrutura de copy, porém, sendo aplicada a um público morno.

Estrutura Para Um Público Morno

Promessa: O Ingrediente Secreto e Altamente Poderoso Para Transformar o Seu Nome em uma Autoridade

Detalhes da solução: A primeira vez que eu usei esse segredo eu quase não acreditei no resultado.

Dá uma olhada nessa imagem. Esse é o gráfico que mostra o pico de vendas na primeira vez que eu coloquei essa técnica em prática.

Agora olha a diferença na taxa de conversão.

Essa imagem aqui mostra o volume de leads que eu comecei a gerar depois de usar essa técnica.

E aqui são alguns depoimentos que nós recebemos.

É exatamente esse tipo de resultado que você pode esperar. Mais audiência, mais vendas, maior taxa de conversão e os seus clientes apaixonados pela sua solução.

Mas você precisa colocar em prática exatamente esse método... passo a passo...

Preparado? Então vamos lá. Você vai precisar de 1,2,3...

[Explica os detalhes... o que e o porquê... não precisa aprofundar os detalhes do como]

Oferta: Agora que você entendeu que precisa de 1,2,3... deixa eu te mostrar exatamente como eu posso te ajudar em cada uma dessas etapas.

O público morno já reconhece o problema, já reconhece as possíveis causas. Ele está procurando por provas concretas.

Quando você mostra bastidores, apresenta provas ou simplesmente fala abertamente do que ele pode esperar, isso já cria uma conexão imediata.

Aqui também entra o impacto mental. É nesse momento que você cria um posicionamento.

Eu trabalho muito forte com esse público morno. Por isso eu crio materiais tão práticos (exatamente como esse que você está lendo).

É por isso que as pessoas falam: Eu gosto do Natanael porque ele é muito prático...muito objetivo...muito direto ao ponto.

Eu crio esse posicionamento com a minha mensagem.

Agora você já sabe o porquê e o como.

Vamos seguir para a última estrutura para o público quente que é a Oferta, Detalhes da Solução, Oferta.

Estrutura Para O Público Quente

Oferta: Essa é a sua oportunidade única de aprender como [1,2,3] e finalmente conseguir [benefício]

Ficaria mais ou menos assim, seguindo o exemplo que estamos usando...

Eu vou te ajudar pessoalmente a transformar o seu nome em uma autoridade, dobrar a sua taxa de conversão e gerar vendas todos os dias...

Detalhes da Oferta: A primeira vez que eu usei esse segredo eu quase não acreditei no resultado.

Dá uma olhada nessa imagem. Esse é o gráfico que mostra o pico de vendas na primeira vez que eu coloquei essa técnica em prática.

Agora olha a diferença na taxa de conversão.

Essa imagem aqui mostra o volume de leads que eu comecei a gerar depois de usar essa técnica.

E aqui são alguns depoimentos que nós recebemos.

É exatamente esse tipo de resultado que você pode esperar. Mais audiência, mais vendas, maior taxa de conversão e os seus clientes apaixonados pela sua solução.

Agora eu vou te explicar exatamente como eu vou te ajudar em cada uma dessas fases...

Oferta: Veja todos os detalhes do nosso NOVO PROGRAMA....

Aqui começa um detalhamento do que é o produto...

Como organizar isso em campanhas e uma rotina para gerar vendas todos os dias?

O normal é que a estrutura 02 (público morno), seja a sua campanha de monetização, principalmente na fase de engajamento.

Ou seja, é a mensagem da série de lições, webinar gravado, live, etc.

É a preparação para a oferta. Mesmo o público quente, pode se interessar e acompanhar a mensagem criada para o público morno.

E a estrutura para o público quente, é o momento da oferta em si.

O problema mais grave da maioria dos empreendedores, é que em uma carta de vendas, que é o momento decisivo, eles conversam muito com o público frio.

Ou seja, geram uma desconexão total com o público que realmente pode comprar.

O ideal é que a sua página de vendas converse SOMENTE com um público mais morno ou quente.

Exceto, páginas de vendas para um público totalmente frio. (O que particularmente eu não gosto muito de fazer para tickets de maior valor).

O ideal é que você possa colocar o público frio dentro de uma primeira campanha, que com um tempo um pouco maior, possa engajar o suficiente para gerar uma venda.

Em outras palavras, é muito mais fácil, inteligente e seguro, colocar o seu lead em uma sequência de passos, ao invés de depender de uma única carta de vendas.

Exemplo:

01 - Você cria um anúncio para o público frio convidando para uma série de lições.

02 - A estrutura é para o público frio. Cria consciência, desperta o interesse.

03 - Na segunda parte da lição, a mensagem avança para uma oferta.

04 - Você faz uma oferta.

05 - Mesmo que a pessoa não compre nessa primeira campanha. Sem problema.

Agora você pode rodar uma segunda campanha, agora sim, usando uma estrutura mais voltada para um público morno.

Pegou a ideia?

Como Transformar O Seu POSICIONAMENTO Na Maior Fonte De Autoridade, Credibilidade E Lucro Para A Sua Empresa

Agora que você já tem uma visão bem mais completa sobre posicionamento, público, mensagem, etc.

Eu vou fechar esse livro colocando uma visão geral de como o seu posicionamento deve guiar todas as áreas da sua empresa.

É muito comum as pessoas confundirem posicionamento com reputação.

O que é completamente normal. Mas esse é um erro que é fatal para qualquer estratégia de negócios que pretende usar o posicionamento como base.

Eu gosto de dizer que posicionamento é a arte de partir por último e chegar em primeiro.

Isso significa desenvolver uma habilidade de fazer uma leitura do mercado e a partir disso, realizar movimentos estratégicos.

Em outras palavras, posicionamento significa tirar proveito do que já existe no seu mercado, do que as pessoas já reconhecem como bom ou ruim.

Apesar da reputação ser algo importante e crucial para qualquer negócio, isso tem gerado muita confusão.

Eu vou tentar clarear um pouco as coisas.
Um vídeo muito bem produzido, um design muito bem planejado, um layout altamente profissional, é uma estratégia de posicionamento?

Tecnicamente falando? Não.

É uma ação de branding.
Construção de marca. São coisas importantes? Sim.

Mais importantes que uma boa estratégia de posicionamento? Não necessariamente.

Não é o mais bonito que necessariamente vence. Apesar do senso comum dizer que as pessoas se importam com o visual, etc e etc....

Os números mostram um resultado bem diferente. E existem algumas explicações psicológicas para isso.

Um Mentor Ou Uma Marca?

Nós já fizemos inúmeros testes em modelos de anúncios, campanhas, vídeos, peças de artes, etc e etc....

Descobrimos muitas coisas bem interessantes. Algumas mais conclusivas que outras.

Porém, descobrimos que o modelo de negócios faz muita diferença na maneira como você deve aparecer e cuidar do seu branding.

Se você é um produtor digital ou alguém

que conduz o negócio como um especialista, a sua estratégia de posicionamento precisa estar muito alinhada a sua estratégia de branding e engajamento.

Vou apresentar alguns exemplos:

01 - Artistas, Cantores: Se você analisar o nível de engajamento e resposta em vídeos pessoas versus vídeos produzidos, temos uma pequena pista desse fator.

Por que uma cantora que publica um vídeo sem maquiagem, deitada na cama, dando bom dia e conversando sobre algo pessoal, gera um engajamento 100x maior, que o Teaser de um clique?

Provavelmente você terá várias possíveis respostas.

O que é mais aceito hoje nas pesquisas e estudos sobre mídias sociais, diz respeito ao conteúdo nativo.

Ou seja, aquilo que as pessoas estão mais acostumadas e se parece mais com a maneira que eles conversam com os amigos.

Você não recebe vídeos produzidos dos seus amigos.

Você recebe vídeos mais simples. Selfies.

02: Ações de publicidade com influenciadores: Quanto menos se parece com uma propaganda mais vende.

Esse é um outro terreno delicado em termos de engajamento e vendas.

Quando marcas patrocinam influenciadores, eles tentam deixar a propaganda da maneira mais natural possível.

Alguns conseguem, outros não.

Esses dois exemplos servem para ilustrar um pouco sobre os bastidores das estratégias de posicionamento e a maneira como você irá "aparecer para vender".

O ponto chave é que você precisa definir qual será a sua linha mestre.

Isso é o mais importante. Não existe um certo ou errado, existe o que funciona para você ou não.

Existem alguns modelos que você pode seguir em termos de branding, que pode ter um impacto muito forte no seu posicionamento.

Vou apresentar alguns exemplos:

01 - Celebridade: Alguns produtores digitais ou profissionais de determinadas áreas, assumem a estratégia mais voltada para celebridade.

Eles criam vídeos mais sofisticados, querem causar um impacto de alguém que conversa com muitas pessoas.

Os vídeos são sempre muito produzidos. Existe uma linha mais inoperacional, etc.

Esse tipo de estratégia é ideal quando você quer atuar com a massa.

Esse perfil tem uma preocupação maior em "sustentar" a imagem de celebridade.

A comunicação com a sua audiência segue uma linha de estimular ao diálogo, interação, mesmo que não seja uma linha de mão dupla.

Ex: O que vocês acharam disso? Qual a legenda? Eu quero compartilhar com vocês algo...

É sempre uma comunicação voltada para a massa. "Vocês fazem parte disso". "Olha o que eu criei para vocês".

A apresentação do conteúdo é mais "desorganizada", com temas que se misturam. Principalmente porque boa parte do conteúdo vem de materiais maiores que são recortados.

Artistas fazem isso com trechos de shows, etc. Não existe uma linha mestre de mensagem.

É sempre uma tentativa de manter as pessoas "aquecidas" para que em um determinado momento, quando oficialmente acontecer um movimento de vendas, as pessoas estarem mais preparadas.

Lembre-se: Não existe certo ou errado.

Existe o que se aplica para você ou não.

Infelizmente, alguns profissionais acabam escolhendo esse caminho achando que é o único. O que não é verdade.

Em inúmeras situações você não precisa de um perfil mais celebridade, ou uma comunicação de massa.

Mas esse é um perfil bastante comum. Você se concentra em criar um status de celebridade no seu nicho, faz um grande esforço de manter as pessoas aquecidas, engajando, interagindo, até que chegue um momento mais oficial de vendas.

Na minha visão, essa decisão se aplica em raros os casos. A razão é simples.

O investimento financeiro e de tempo, acaba sendo maior na criação da fama, do que propriamente na estruturação do negócio.

Aqueles que conseguem fazer isso com certo sucesso, já passaram por uma primeira fase financeira e agora podem dedicar um investimento maior.

A maior brecha desse modelo está exatamente no grande percentual de quem não irá comprar.

Muitas vezes, você tem uma massa de seguidores fãs, que não obrigatoriamente tem interesse no seu produto/serviço, mas gostam de você.

Muitas vezes são os que mais comentam, mais engajam, mais perguntam e acabam influenciando nos seus dados.

Vamos falar agora de um segundo perfil.

02: O Especialista (Gênio, Mestre) Low Profile: Algumas observações importantes antes de avançar. Apesar da característica inicial desse perfil ser algo Low Profile, ou seja, menos conhecido.

Eu vejo esse posicionamento como o mais seguro como um primeiro passo até a "fama".

Porque é o seu conhecimento que se torna mais famoso. É o seu método e não o que você faz.

Vou tentar explicar isso melhor.

Continuando...

Os filmes, livros e histórias, contribuíram muito para a criação desse personagem na nossa mente.

A figura do gênio, mestre ou sábio que aparece nas histórias como o ponto de virada na vida do personagem principal.

A figura do mestre está na maioria dos filmes. Alguém com um conhecimento acima da média, uma percepção apuradíssima que enxerga o que ninguém mais consegue.

Pode lembrar dos seus filmes favoritos, procure e você irá encontrar esse personagem.

Que apesar de não ser a figura principal, tem um papel crucial no desenrolar da história.

No mundo do posicionamento e criação de branding, essa é a estratégia que mais me agrada.

É nessa estratégia que você se concentra em criar materiais mais sofisticados, séries de conteúdos que causam um impacto muito forte no seu público.

É nessa estratégia que você faz leituras do seu mercado ou da situação do seu cliente de uma maneira muito mais completa e avançada.

Você se posiciona como um mestre, que mesmo que esteja escrevendo as suas importantes lições em um papel velho e rasgado, aquelas informações serão salvas.

A sua mensagem é mais importante que o contexto. O vídeo não é de cinema, mas o que está sendo dito é transformador.

A página só tem texto, mas o que está escrito nessa página completamente sem layout é algo impactante e transformador.

Eu vou te contar uma rápida história que me fez mudar totalmente a minha estratégia.

O Dia Que Eu Desliguei A Câmera E Comecei A Escrever Um Texto

Assim como a maioria, eu comecei tentando criar uma autoridade através de vídeos, conteúdo, etc....

E como a grande maioria...eu fracassei miseravelmente.

Pior do que isso... eu perdi meses importantes que eu poderia ter gerado resultados financeiros.

Mas na verdade, eu só perdi tempo, dinheiro e paciência (Que na época não era muito grande).

Estou falando do dinheiro.

Eu vou falar mais sobre isso ainda nesse capítulo.

Melhor do que isso, eu vou te mostrar exatamente como nunca mais perder tempo e energia com conteúdos que simplesmente não vendem.

Continuando...

Voltando para o dia que eu desliguei a câmera e comecei a escrever um texto...

Eu vou te contar agora, o exato dia que fiquei muito bravo, irritado, frustrado e decidi procurar uma outra estratégia.

Isso aconteceu em 2011...

Nessa época eu morava em Fortaleza. Eu tinha acabado de me casar, era um apartamento alugado de 45m2.

Um dos quartos transformei em Home office. E ali eu iria começar os meus vídeos.

Nessa época eu tinha acabado de começar a minha agência e estava tentando criar novas fontes de lucro com produtos digitais.

O quarto era escuro, peguei um abajur com uma luz muito forte.

Coloquei um blazer e uma camisa social. Queria ficar bem na fita.

O calor ficou insuportável.

Liguei o ventilador, mas atrapalhou o áudio porque ficava batendo no microfone.

Decidi gravar sem o ventilador. Comecei a ficar suado. A roupa começou a ficar molhada.

O vídeo não saia. Não conseguia me concentrar. Fui ficando bravo.

Todas as vezes que ia gravar um vídeo era uma trabalheira. Que raiva! Rsrs...

Eu sei que tudo isso pode parecer muito dramático. Mas se você já viveu a experiência de preparar tudo para gravar um vídeo de conteúdo e simplesmente tudo começar a dar errado, você sabe do que eu estou falando.

Mas continuando...

Eu terminei, desliguei o abajur. Desliguei as luzes. Fechei tudo e fui tomar um banho.

Fiquei muito frustrado. Não por aquele dia em especial, mas pelo acumulado daqueles meses.

Fui dormir. Isso era uma sexta-feira. No sábado, acordei cedo, abri o meu computador e peguei uma página em branco, exatamente como essa que eu comecei esse livro.

Eu digitei as primeiras palavras:

SEO na Prática: Como Gerar Negócios Com o Google.

Eu parei para almoçar. Voltei a escrever e por volta das 17h eu tinha terminado o E-book com aproximadamente 122 páginas.

A minha cabeça estava fervilhando, as minhas costas totalmente doloridas, todas aquelas horas sentado, o texto foi simplesmente fluindo.

Não tinha que me preocupar com a luz, com o áudio, era um único foco:

Qual a mensagem eu quero passar?

Que problema eu vou ajudar a resolver?

Que oportunidade eu quero apresentar para essas pessoas?

Que obstáculos eu quero remover do caminho delas?

Foi respondendo cada uma dessas perguntas, que minuto a minuto, parágrafo por parágrafo, eu fui terminando o e-book.

Ufa! Agora sim. Consegui falar o que eu queria sobre o assunto.

Quando foi na segunda-feira. Fizemos uma diagramação simples, revisamos e começamos a divulgar.

Isso aconteceu em 2011. O orgânico do Facebook ainda era maravilhoso.

Comecei a divulgar o e-book, as pessoas começaram a compartilhar.

Em 24 horas, mais de 3.000 pessoas fizeram o download. Eu tinha o email de três mil pessoas.

Eu quase não conseguia 100 views, agora tinha 3.000 e-mails.

O que mudou? Qual a diferença entre todas as ações que eu tinha feito e que não tinham gerado resultado?

Por que aquele e-book estava gerando um resultado tão acima da média?

Por que aquele e-book que eu dediquei um dia, estava gerando mais resultados que vídeos e mais vídeos que eu estava produzindo durante meses?

A resposta é simples e ao mesmo tempo complexa.

Mas eu vou traduzir tudo para você. Eu espero.

A diferença era que quando eu parei para escrever o e-book, eu pensei em uma estratégia de **POSICIONAMENTO e não simplesmente um conteúdo**.

Eu parei e pensei, qual a melhor mensagem para o meu mercado agora?

Eu fiz a leitura certa. Eu fiz a leitura que iria me gerar o melhor resultado naquele momento.

E é exatamente isso que você precisa aprender.

Eu vou te explicar isso em alguns instantes. Continuando...

Decidi encarar o vídeo novamente.

Mas agora, ia me concentrar na mensagem.

Comecei a fazer palestras, compartilhando a minha tela, comecei a aparecer em outros vídeos, mas agora com uma grande diferença.

Eu sempre vou para o vídeo, para falar de algo que eu já criei ou fiz.

Escrevi uma série de lições. Vou gravar um vídeo e posso falar sobre o conteúdo da série. Um resumo.

Se eu fiz uma estratégia que deu muito certo. Posso gravar um vídeo contando.

Ou eu posso simplesmente fazer lives para responder perguntas das pessoas sobre coisas que eu escrevi ou apresentei.

Ou eu posso simplesmente fazer lives para seguir a estrutura que eu apresentei no capítulo 03.

Inevitavelmente, quanto mais eu crio materiais como esse, que eu chamo de materiais que valem a pena serem lidos, maior é a minha audiência, melhor é a minha taxa de conversão.

Mas preste muita atenção. Eu não estou falando simplesmente de criar um conteúdo de qualidade. É muito mais que isso.

É usar a estrutura certa, é usar a técnica de posicionamento correto.

Em outras palavras, significa você fazer a leitura correta do mercado.

O Modelo De Negócios Do Especialista E O Modelo De Negócios Da Marca

Uma das leituras mais importantes que você precisa fazer em termos de posicionamento é saber qual o seu modelo de negócios atual.

Eu uso a parte do atual para que você entenda que é possível alternar entre os modelos.

Você pode começar como o modelo de marca e migrar para o especialista ou vice-versa.

Ou você pode trabalhar com as duas estratégias simultaneamente. Você pode ter um mix de produtos como especialista e outro como marca.

O ponto chave é que você precisa saber exatamente o que você está fazendo.

Infelizmente, muitos não fazem a mínima ideia do que estão fazendo.

Apenas estão seguindo o que outros estão fazendo sem se perguntar ou analisar se essa é a melhor estratégia para eles.

E essa é uma reflexão que você precisa fazer antes de tomar qualquer decisão de posicionamento.

Confesso que não sei o que é mais prejudicial para um negócio.

Se é não ter um bom posicionamento ou ter um posicionamento errado que precisa ser alterado frequentemente.

Outro ponto que também não sei a melhor resposta é: O que é mais difícil, criar um novo posicionamento ou se manter fiel a um posicionamento?

Explico.

É muito sedutor tentar acompanhar todas as novas ondas e tendências.

É fácil se confundir entre tendências de mercado e picos isolados.

Se você se posicionar com algo de tendência isolada de uma maneira muito forte, isso pode te atrapalhar bastante.

Uma vez que a imagem é criada na mente do público, é muito difícil fazer qualquer tipo de alteração.

O Vender Todos Os Dias Foi O Meu Ponto De Virada

A melhor maneira de compartilhar com você a importância de se manter fiel a um posicionamento envolve os meus bastidores com o vender todos os dias.

No final de 2013 eu estava com a minha agência full service, atendendo vários e vários clientes.

Eu tinha uma equipe de aproximadamente 16 pessoas. Tinha me mudado para São Paulo e começado um novo escritório.

Estava com uma equipe em São Paulo e outra em Fortaleza (minha cidade natal).

Eu tinha decido começar os meus treinamentos, cursos, eventos, etc.

E eu precisava definir o meu posicionamento.

Foi nessa época que eu viajei para os EUA para participar de treinamentos de marketing digital e negócios.

Eu comecei a ouvir falar de sistemas previsíveis de vendas. Venda previsível. Faturamento recorrente, estratégias mensais de vendas, etc e etc.

Na minha mente aquilo foi se traduzindo em algo bem diferente do que estava sendo falado no Brasil.

Enquanto todos estavam falando de gerar picos de vendas, eu estava começando a visualizar um resultado de vendas mais recorrente.

Aquilo fez total sentido para mim, afinal, eu era vendedor de porta em porta. Todos os dias eu saia para vender e todos os dias eu voltava para casa com contratos fechados. Ou pelo menos, negociações em andamento.

No começo eu passei a falar de: Sistema de Vendas Online.

Esse foi o primeiro discurso que eu comecei a utilizar.

Você precisa de um *Sistema de Vendas Online para a sua empresa.*

Depois entrou a palavra "automático".

Sistema Automático de Vendas Online.

Mas aqui foi o momento que eu tive algumas dificuldades, que se tornariam o grande ponto de virada no meu posicionamento.

Eu estava aprendendo nos EUA estratégias de vendas automáticas, que envolviam funis de vendas, divididos em fases.

Eram dias "agendados" para a venda acontecer.

Exemplo: O funil tinha 15 dias de automação. A venda em si, ou seja, os e-mails de oferta, começavam no dia 11-12.

Ou seja, não eram vendas diárias. Mas um processo de vendas de tempos em tempos, todo automático.

Eu tinha aproximadamente 90 dias de automação. Só tinha um problema, às vezes, por uma razão ou outra, as metas não eram batidas.

As vezes por problemas na geração de tráfego, em alguns casos, por problemas técnicos na automação.

Até que um belo dia, eu decidi simplesmente mandar um email Broadcast, ou seja, um email manual.

Eu abri a ferramenta de e-mails, peguei os leads que não tinham comprado o produto e enviei um email convidando para uma aula ao vivo.

"Ei, hoje eu vou fazer uma aula 20h, falando sobre as 8 Etapas Para Criar uma Agência Lucrativa e Enxuta".

Se você quiser participar, se cadastra aqui.

Pronto. Só isso.

22h quando eu terminei aquela live, com uma oferta ao final, eu tinha gerado um pico de vendas (que não estava previsto) na automação.

Eu decidi no outro dia mandar um email para a lista com a gravação da live.

Mais algumas vendas foram caindo. Até que o gráfico foi despencando.

Eu decidi marcar uma outra aula, mais ou menos três dias depois.

No final da aula? Tinha gerado um novo pico de vendas.

Foi a partir desse dia, que eu comecei a fazer ações diárias de vendas ou preparação para uma campanha.

Eu diminuí todos os meus funis automáticos de 90 dias para 5-7 dias.

Depois da automação, comecei a colocar os leads para participarem das minhas campanhas.

Foi nesse momento que surgiu o **Sistema de Vendas Online**, desenhado para Vender Todos os Dias.

Que depois virou o **Vender Todos os Dias**.

A primeira vez que eu fiz uma aula falando isso foi em maio de 2014.

Um pouco antes de começar a copa do mundo de 2014.

Eu lembro porque em um sábado à noite, antes de sair para jantar com a minha esposa, eu coloquei o primeiro anúncio com a frase vender todos os dias.

Nos últimos cinco anos, eu uso essa frase: **Vender Todos os Dias, em todos os meus vídeos, anúncios, cartas de vendas, palestras, etc.**

Hoje é fácil falar de vender todos os dias, mas no passado, não fazia muito sentido.

Eu tive que aprender a remodelar essa mensagem, reposicionar em alguns aspectos, afinal, é natural que outras pessoas comecem a utilizar o mesmo discurso.

Mas esse é um outro assunto, que envolve técnicas de reposicionamento.

Talvez um próximo livro.

Por enquanto, eu quero que você se concentre primeiro em seguir os passos que foram apresentados nesse livro.

Encontrar a sua abordagem, a sua mensagem única, definir o seu público.

É crucial que você aprenda a estabelecer em detalhes, qual a sua estratégia de posicionamento.

Antes de qualquer coisa, tráfego, copy, mix de produtos, você precisa ter em mente qual o seu posicionamento.

Lembre-se que a sua "frase" de posicionamento, não irá aparecer da noite para o dia.

Você irá encontrar essa frase, mensagem, em jornada, atuando, criando e executando as suas campanhas.

Quanto mais discursos você criar, quanto mais você criar campanhas, peças de vendas, mais rapidamente você irá encontrar o seu posicionamento mestre.

Por muitos anos eu fiz lives semanais de vendas, em muitas semanas eu fiz duas ou três.

Hoje eu ainda faço movimentos diários de vendas, a diferença é que eu tenho um acervo bem maior de estratégias e campanhas, por isso posso alternar entre cada uma delas.

O mais importante é que você se concentre em ter uma rotina diária de oferta do seu produto.

Cada copy, cada campanha, cada anúncio, cada vídeo importa.

> *Isso irá te ajudar a encontrar o seu posicionamento mestre.*

E uma vez que você encontrar, essas mesmas ações irão te ajudar a consolidar o seu posicionamento.

A maioria das pessoas não tem paciência e disciplina para consolidar um posicionamento.

Isso leva tempo, exige repetição, esforço e disciplina. Algumas pessoas "cansam" de falar a mesma coisa.

Mas eles não entendem que é possível falar a mesma coisa, todos os dias, de maneiras diferentes. O problema é que algumas pessoas mudam completamente o seu discurso de uma semana para outra.

Falam de assuntos completamente diferentes, usam abordagens e estilos totalmente diferentes, confundem o seu público.

Em outras palavras, disciplina e paciência representam as duas partes mais importantes da sua estratégia de posicionamento.

Esse é apenas o começo da sua jornada na busca da criação e consolidação do seu posicionamento.

Mas se você chegou até aqui, isso mostra o quanto você está sério nessa missão.

Meus parabéns!
Você começou muito bem.

Mensagem Final

O título desse livro...
Posicionamento para Vender Todos os Dias.

O todos os dias você já sabe o porquê.
Agora vamos falar do subtítulo.

A arte de partir por último e chegar em primeiro.

Essa frase pode ser explicada de muitas maneiras diferentes.

Mas a minha preferida é extremamente simples.

Apesar de ser um entusiasta do **"faça rápido"** e realmente acreditar que a velocidade na tomada de decisões e implementação seja algo que faça muita diferente.

Quando o assunto é posicionamento eu penso um pouco diferente.

As pessoas têm muita pressa em tentar parecer ser algo. Eu quero me posicionar como XYZ ou eu quero ser reconhecido como xyz.

Muitas vezes aqui entra: Eu quero ser reconhecido como o maior, melhor...

Raros os nichos que o adjetivo "maior e melhor" fazem a verdadeira diferença.

Principalmente quando estamos falando de produtos digitais, serviços.

Em termos de posicionamento e tomada de decisões de compra, o emocional fala muito mais alto.

É comum as pessoas falarem: Eu gosto do Natanael porque ele é objetivo, prático, sinto honestidade nele.

Repare na mistura de sentimentos e percepções. Eu posso me posicionar como alguém prático e objetivo.

Mas eu não posso "forjar" uma imagem de honestidade. Repare na palavra sinto.

As pessoas sentem, elas fazem uma leitura.

Elas conseguem ver o invisível.

O que eu quero dizer, sem tentar parecer muito clichê, é que mais importante do que parecer ser, é de fato se tornar aquilo que você deseja ser percebido pelo seu público.

Quando você realmente se preocupa com o seu público, quando você permite que os seus valores e princípios, se misturem com o seu posicionamento de negócios, tudo fica mais genuíno.

Em outras palavras, eu falei sobre a importância do posicionamento, antes de qualquer ação de copy, tráfego, campanha, etc.

Mas o que eu preciso que você preste bastante atenção é que para definir uma estratégia de posicionamento, antes de qualquer coisa, **você precisa definir também os valores a serem trabalhados.**

Que atributos serão destacados?

Experiência, Velocidade, Excelência, Conhecimento Avançado?

Quais valores são importantes para você?

Honestidade, trabalho duro? Liberdade? Cooperação? Reputação?

Quando você define bem os seus valores, ao mesmo tempo, você está escolhendo o perfil do seu público.

Os seus valores também definem o tipo de público que você irá atrair.

O seu posicionamento, isto é, o seu discurso, o seu tom, tem esse poder.

A sua estratégia de posicionamento tem o exato poder de atrair o perfil de cliente ideal para o seu negócio.

E o perfil de cliente ideal você define pelos seus valores e não pelo seu perfil demográfico, etc.

Depois de seguir todos os passos anteriores de posicionamento, todas as técnicas, o momento da validação final, envolve essa fase.

E foi exatamente por isso que eu deixei essa parte somente na mensagem final.

Mas continuando...

Ou melhor... finalizando.

Se você chegou até aqui, **isso prova por a + b o quanto você está sério em levar o seu negócio para o próximo nível.**

Buscar um conhecimento tão poderoso e único como posicionamento foi uma excelente decisão.

Eu acredito que aprender mais sobre posicionamento foi o maior ponto de virada na minha carreira.

É provável que você irá chegar nessa mesma conclusão. Entender de posicionamento significa aprender a ler o mercado.

E essa é uma das habilidades mais poderosas e lucrativas para qualquer dono de negócio ou profissional de marketing.

Agora você tem esse método nas suas mãos. Faça bom proveito.

Espero que você tenha curtido essa jornada de aprendizado que tivemos juntos.

Compartilhe o livro nas suas redes sociais e me marque no Instagram

@NatanaelOliveira

#EuVendoTodososDias

#PosicionamentoUnico

Vamos em frente! Deus te abençoe